Los siete pecados capitales de los arquitectos

Robert Adam

con ilustraciones de Louis Hellman

© del texto Robert Adam
© de las ilustraciones Louis Hellman
© de la traducción Isabel Suárez-Llanos

© de la edición
© Ediciones Asimétricas, 2024
www.edicionesasimetricas.com

Responsable de la edición y presentación
Carlos J. Irisarri

Diseño de colección
Toni Cabré

Maquetación
Emi Ramírez

ISBN
978-84-10065-45-1
Depósito Legal
M-18924-2024

Impresión
Estilo Estugraf Impresores

Primera edición, enero 2021
Primera reimpresión, septiembre 2022
Segunda edición, septiembre 2024

Impreso en España
Printed in Spain

Índice

Presentación
por Carlos J. Irisarri

Conocí a Robert Adam en una de las convocatorias de INTBAU; allí impartía una conferencia sobre la importancia de lo vernáculo en la arquitectura frente a la dictadura de posturas supuestamente modernas. Todo lo que le escuché decir ese día me pareció muy acertado y tuve la ocasión de charlar con él más tarde, ratificándome en que se trataba de una persona de elegante inteligencia y divertida ironía, poseedor de una visión muy clara de la misión de la profesión de arquitecto.

Todo ello se manifiesta en este breve volumen que recopila una serie de artículos publicados originalmente en la revista *Building*, acompañados de geniales dibujos de Louis Hellman. El humor desplegado no resta un ápice a la verdad que aquí se encierra: el arquitecto contemporáneo se ha desviado de su misión y comete una y otra vez estos siete pecados capitales. Y es precisamente Adam quien ha tenido el valor de señalarlo.

He aquí el inicio de un camino de regeneración. Como en el sacramento de la penitencia, esta lectura propiciará el examen de conciencia, primer paso imprescindible pero no suficiente. En efecto, sin arrepentirnos de estos pecados y sin hacer un firme propósito de la enmienda, no seremos perdonados por la sociedad a la que nos debemos como profesionales. Y esto ya es obligación del arquitecto que lea estas páginas.

Una palabra más: el señor Adam es tan consecuente con su labor que ha cedido desinteresadamente sus derechos para esta edición y ha convencido a Luis Hellman para que haga lo mismo. Y no contento con ello, ha conseguido que Servando Rodríguez de la Rosa, amable colega arquitecto, dedique generosamente unas cuantas horas de su tiempo a ayudarnos con la traducción, en concreto con algunos matices de la muy británica ironía de su autor. En suma, es sin duda una cuestión de caballeros. Tanto editores como lectores estaremos muy agradecidos a todos ellos.

Los siete pecados de los arquitectos

Introducción

Los arquitectos son unos raritos. Son pura contradicción. Quieren que el público los adore, pero desprecian el gusto de la gente de a pie. Se preocupan del más mínimo detalle de sus edificios, pero no tienen en cuenta cómo relacionarlo con los demás. Querrían ser artistas y no son más que una simple industria de servicios. Les gustaría ser reformadores sociales y morales, pero no tienen más remedio que trabajar para políticos sinvergüenzas y cínicos capitalistas.

Pertenezco a este gremio desde hace más de treinta y cinco años. He llegado a estar en el epicentro de su colegio profesional. He formado parte de varios comités oficiales de concursos de proyectos y he tenido que valorar numerosos premios de arquitectura. He enseñado proyectos y urbanismo. Y durante todo ese tiempo he estado ejerciendo libremente mi profesión.

Arquitectónicamente, mi misma vida es otra contradicción. Aunque me encuentro muy vinculado al *establishment* profesional, sé que mis diseños no solo son considerados por muchos arquitectos como de escaso gusto, sino incluso manifiestamente incorrectos. Soy lo que en líneas generales se llama un *arquitecto tradicional*, es decir, proyecto edificios relacionados con los anteriores al nacimiento del movimiento moderno de principios del siglo veinte. Este tipo de arquitectura resulta muy popular para el gran público, pero a la vez muy impopular para la mayor parte de los arquitectos.

Mi peculiar situación me ha proporcionado afinidad hacia mis colegas al tiempo que cierto cinismo frente a su actitud y pretensiones. Valoro mucho la arquitectura y sus profesionales y, aunque me gustaría que este breve ensayo sirviera para bromear sobre la realidad de la profesión, pretende a la vez ser una crítica constructiva. No solo está dirigido a arquitectos, sino también a los que no lo son, y me encantaría que también cayera en manos de estudiantes y aspirantes a arquitectos. Quienquiera que seas, espero que disfrutes este pequeño libro.

Elitismo

"OH LOOK — ORDINARY PEOPLE!"

«Uy, mira, ¡gente corriente!»

Cuando entres en una reunión de arquitectos, prepárate para ser testigo de una verdadera fiesta de disfraces. Entre los hombres, habrá algunos que lleven chaquetas sin solapas, con veinte botones en los puños y de raras combinaciones de colores. Puede que te sorprendan con gafas superoriginales (hasta yo peco de ello), gorros étnicos o, incluso, con algún plumier retro de los años ochenta. Y puede que te asombre reconocer en estos peculiares atuendos a acomodados empresarios. Las mujeres, aunque siempre a la moda y lejos del típico estilo ejecutivo, muestran un aspecto menos estrafalario. Sin embargo, siempre te puedes encontrar alguna con aspecto de vagabunda y maquillada como una zombi. Suelen ser situaciones fascinantes, pero tras ellas se esconde un mensaje bastante serio: los arquitectos somos una tribu diferente.

Es como la bata blanca y el estetoscopio de los médicos o la peluca y la toga de los abogados, aunque, a diferencia de los médicos y los abogados, los arquitectos vuelven a casa con tales prendas. Con este aspecto delirante pretenden transmitir la idea de que son gente interesante, creativa, y que no son exactamente personas comunes y corrientes. No es solo una forma de decir que no se parecen al aburrido empresario que los mantiene ni a los zopencos incultos que tienen que soportar lo que ellos hacen, sino que es además una forma de expresar que no quieren parecerse a ellos en absoluto. Si eres arquitecto, has entrado en un club exclusivo y, como todo club exclusivo, se las ha ingeniado para dejar fuera a la chusma.

Pero la vestimenta peculiar es solamente una parte de este kit que marca a sus exclusivos miembros. Está también su forma de hablar: las puertas son *accesos*, las ventanas son *fenestraciones* y las paredes, *paramentos*. Si aún así esto no es suficiente, también tenemos los sitios en los que viven, lo cual puede llegar a ser delicado. Puesto que suelen tener dinero, se pueden permitir comprar casas antiguas de alto *standing* a las que otros no podrían aspirar. Sin embargo, al entrar en ellas nos sorprenderá ver que se han eliminado todos los detalles antiguos: el más claro ejemplo son los muebles y sillas carísimos e incomodísimos diseñados por los miembros fundadores del exclusivo club.

Una vez que consigues entrar en este club de profesionales del diseño, lo único que importa es el resto de los miembros

Una vez que consigues entrar en este club de profesionales del diseño, lo único que importa es el resto de los miembros. En este caso, el éxito no es algo comparable a ganar dinero o ser feliz; aquí, la gloria se mide por la opinión que los otros socios tienen acerca de ti. Cuando realmente eres el amo es cuando recibes en bandeja uno de los galardones que los miembros entregan a otros miembros por ser los mejores en ceñirse a las normas. Y si alguien intenta atacar a sus colegas de culto, los del club se reunirán para defenderlos. Esos grupos de ayuda se denominan «paneles de arquitectos» y sirven para asegurarse de que los no acólitos no se atrevan a decirles a los miembros del club lo que deben hacer. Hay incluso grupos radicales que opinan que debería haber leyes que aseguren a los miembros del club que solo ellos puedan hacer lo que a mucha gente corriente le gustaría: poder diseñar sus propias casas.

Está claro que si pretendes dejar fuera a la chusma es porque esta no te interesa. Es probable que tengas que diseñar para el lumpen, pero no es tu trabajo darles lo que ellos querrían, sino que lo que deben hacer es aprender a apreciar lo que tú crees que ellos deberían tener. Hay incluso un vocabulario específico para esto y es «elevar el nivel de exigencia» haciéndolo «sin complejos», anticipándonos al momento en que alguien nos pida que nos disculpemos por ello. De hecho, el objetivo manifiesto del club es procurar que el resto de los mortales deseen lo mismo que los miembros del club. Se piensa siempre en el gran día en el que todo el mundo va a querer ver las cosas del modo en que ellos las ven. Existe un claro objetivo de persuadir a los poderosos para que se conviertan en miembros asociados de este club. De este modo, habrá mucha gente corriente aleccionada que, aunque no quiera, se verá obligada así a acatar y continuar por el «buen camino». Si después de haber recibido toda esta influencia durante suficiente tiempo, todo lo demás falla, se tendrán que hacer a la idea.

Nadie parece haberse dado cuenta de este problema. Una de las mejores cosas de ser miembro de un club es que se es especial y, si se es especial, se es diferente. Si todo el mundo piensa y se comporta como tú, ya no eres diferente al resto. Lo más importante de ser miembro de una élite es pensar que eres superior y que por ello no puedes ser como el resto. Las personas corrientes nunca serán miembros de este club.

Soberbia

«Se alquila modelo ético»

Cuando los arquitectos están en horas bajas fingen ser médicos. No van examinando toses ni reflejos en las rodillas, pero reivindican cierta autoridad moral que ellos asumen propia de la profesión médica. Así, en lugar de ser considerados como los odiados asesinos de las ciudades y pueblos que su gente adoraba, pretenden ser importantes, respetados y, por encima de todo, ser valorados como un modelo de ética.

Lo cierto es que el entrañable médico de cabecera no cuadra en este esquema puesto que a la mayor parte de la gente no le gusta lo que hacen los arquitectos. Es como si nos dijeran «confíe en mí, soy médico» a la vez que nos están amputando las dos piernas. Los arquitectos nos dirán que hay que aplicar en las ciudades una «cirugía radical» quitando trozos y reemplazando estos a base de prótesis de brillante metal. Insisten también en que pueden «mejorar tu calidad de vida» aplicándote un tratamiento de choque minimalista.

Aun suponiendo que los arquitectos hayan llegado a realizar una especie de juramento hipocrático de la estética, se engañarán a sí mismos con la arrogante idea de que sus fantásticas propuestas son realmente una dosis medicinal para el bien de la sociedad. A veces incluso llevan esto hasta el punto de reivindicar que estos siniestros intentos de ingeniería social pueden salvar la vida de las personas. Han sido capaces de monstruosos delirios de autobombo solo por miedo a que se los pueda considerar simplemente el departamento de diseño de la industria inmobiliaria.

En los últimos años se ha ido forjando la oportunidad soñada que permite a los arquitectos alcanzar nuevas cotas de virtud moral. Ahora aseguran ser, no solo la solución a los problemas sociales y los rescatadores de la amenazada estética, sino que también quieren ser capaces de salvar el mundo entero. Rescatar al planeta de los males insostenibles del desarrollo que, a su vez, son su cartera de valores, se ha convertido en la nueva religión de la profesión arquitectónica. Y no se conforman con establecer normativas y directrices, sino que asumen la obligación moral de ir aún más lejos. Saturan los edificios con toda clase de postureos ecológicos molones que en absoluto benefician al planeta. Los arquitectos no llegan nunca a comprobar si su aplicación, transporte y mantenimiento contrarresta alguna de estas supuestas ventajas. La intención no es tanto salvar el planeta como quedar bien, hacer que el arquitecto brille, creando a su alrededor una reconfortante aureola de autosatisfacción.

Para poder apuntalar esta fantástica superioridad moral tenemos a los sumos sacerdotes del engreimiento predicando en revistas profesionales. En ellas se difunde una brillante doctrina circular sobre moral arquitectónica a modo de camino hacia la verdadera felicidad. Estos sumos sacerdotes te venderán la teoría de que cierta arquitecta ha sido tan virtuosa en sus diseños que ha llegado a alcanzar la dicha divina. Y a la vez, si no has llegado a ser tan virtuoso como ella, no podrás alcanzar la gloria completa. Es probable que aceptes la triste ilusión de que eres perfectamente feliz, pero te lo negarán puesto que no has podido experimentar ese mismo grado de alegría éticamente creativa. No sabrás si lo has alcanzado hasta que no consigas llegar y nunca lo sabrás si no deseas realmente llegar. No hay forma de salir de esta.

Pero todos sabemos que los arquitectos o son empresarios haciéndose pasar por artistas o son artistas incapaces de gestionar bien un negocio. Trabajan por dinero haciendo lo que se les solicita; en caso contrario, ni habrá encargo ni habrá dinero. Y no existe la ética en arquitectura si no hay nada que construir. El famoso arquitecto estadounidense Philip Johnson acierta cuando afirma que «los arquitectos son prostitutas». A la vez que no dudan en menospreciar arquitecturas del pasado solo porque a un dictador le gustaban, actualmente los más elevados arquitectos crean mega edificios de cristal y acero para gobiernos bastante oscuros sin pensárselo dos veces. La ética de los arquitectos proviene del talonario de cheques de sus clientes.

La ética de los arquitectos proviene del talonario de cheques de sus clientes

Es posible que los arquitectos tengan más en común con la profesión más antigua del mundo que con los médicos. En efecto, los delirios de los médicos no solo son más respetables sino también más útiles. Por contra, los arquitectos siguen haciendo lo que más les gusta: fingir que saben mejor que nadie lo que le conviene a la sociedad y contarnos luego que no lo hacen realmente por pasta o por ego, sino por los principios morales más elevados. Da igual si a nadie le gusta ni lo desea; como arquitecto, tú sabes lo que les conviene, y eres el mejor ya que se lo sabes proporcionar. Esta es la soberbia suprema.

A diferencia de los médicos, los arquitectos no esperan a que sus pacientes acudan a su consulta ni les pidan cura. Por supuesto que no, puesto que es muy probable que el cliente les diga que no necesita ninguna cura o, peor aún, que les diga que ni siquiera está enfermo.

Egocentrismo

«Medalla de oro»

¿Cómo se reconoce un genio al verlo? No suele haber muchos, así que un buen comienzo es eliminar a los que no lo son. Más fácil: cuando encuentres a alguien que piensa que lo es, puedes estar seguro de que no lo es. Así que el comportamiento de lumbrera caricaturesco, mostrando aparatosos destellos de inspiración o proclamando sus inesperadas ideas, no es precisamente signo de ser un genio, sino más bien todo lo contrario. Os habréis dado cuenta de que es así como se comportan muchos arquitectos, lo que evidencia, en contra de lo que ellos piensan de sí mismos, que no son precisamente genios.

Esto no debería sorprendernos. La mayor parte de las personas no son genios; por tanto, los genios arquitectónicos son pocos y están dispersos. El problema es que a los arquitectos han sido educados para que piensen que son grandes hombres y mujeres en ciernes. Las escuelas de arquitectura hace mucho que dejaron de enseñar las artes prácticas sobre cómo se construye un edificio, que es para lo que se perfilaron los siete años de carrera, y se dedican en gran medida a diseñar edificios con pinta de seta mágica o a conversar acerca de los puntos más sutiles de una tetera rota. Si se sugiere siquiera que tal vez se aprovecharía mejor el tiempo intentando entender cómo funciona una impermeabilización, ello se descarta como si fuera un innecesario impedimento inútil frente a la tarea vital de fomentar inspiración y genialidad.

Una vez que te crees que eres un sabio, te lo puedes pasar genial. Lo único que importa es tu voz interior. Ya no necesitas prestar atención a lo que la gente o los clientes dicen que quieren. No, es tu trabajo descubrir lo que en el fondo necesitan, lo que esas pobres almas ingenuas creen que anhelan. Tampoco necesitas preocuparte por cosas tan aburridas como encajar cada parte del edificio. Eso es para los necios y además distrae de la verdadera tarea: expresar la última filosofía francesa a través de acero curvado y de afiladas puntas de cristal. Y lo mejor de todo es que siempre se está en lo cierto, pero si alguien dice que nos hemos equivocado, ello prueba nuestro argumento: a los genios no nos entiende la gente corriente. Una mente privilegiada acosada e ignorada siempre tendrá un lugar especial en el panteón de genios no reconocidos junto con jóvenes promesas abandonadas en pobres buhardillas y aún por descubrir. Pensar que se está por encima del resto es lo que hace arrogantes a los egocéntricos.

Pensar que se está por encima del resto es lo que hace arrogantes a los egocéntricos

Para muestra, basta un botón: cojamos por ejemplo el Parlamento escocés. Si hay algo que tiene que ver con la identidad de los escoceses, eso es su Parlamento. Pero ¿acaso Enric Miralles preguntó a algún escocés qué es lo que creía que representaba más a su amada nación? Por supuesto que no, Miralles era un genio. En lugar de eso, se dio una vuelta rápida por allí y descubrió lo que realmente hace de Escocia un lugar tan especial: los barcos. No barcos antiguos, sino los que se fabrican en las ciudades y que luego se botan para navegar lejos de allí. (Esta historia es difícil de inventar, pero creedme: es cierta). Así que, de ahora en adelante y durante varias generaciones, los miembros del Parlamento escocés van a tener que sentarse en lo que un catalán (que pensaba que era un genio) resolvió como el lugar de toma de decisiones típicamente escocés: un barco a medio terminar. Es una pena que en Escocia nadie tenga la misma opinión. Y ¿qué me decís de las plataformas, convertidas en nidos de gaviotas, fijadas alrededor del edificio y que además tienen forma de secador? Bueno, la cosa tiene su secreto: se trata, más o menos, pero no del todo, de una silueta del reverendo patinando que aparece en un cuadro de Raeburn, colgado en la Scottish National Academy. Esto, a diferencia de lo de los barcos, Miralles no se lo dijo a nadie. Los pobres escoceses, que pagaron un dineral por esta locura de composición, van a tener que vivir a partir de ahora con una masiva exhibición de egocentrismo de Enric Miralles.

Tenemos también al rey del ego, Daniel Libeskind, quien se permite decidir que uno de sus revoltijos arquitectónicos representa el verdadero significado del norte de Londres. A pesar de que se parece mucho a sus otras edificaciones-batiburrillo, desde lo más profundo de su genio ha llegado a la conclusión de que es precisamente esta la razón por la que mucha gente de todas partes del mundo ha elegido este lugar para vivir. O el estudio FOA (Foreign Office Architects) que tuvo la idea genial de que la identidad de Birmingham residía en su cielo… Sí, en serio. Y es por ello por lo que van a envolver la New Street Station en una inmensa cortina de acero inoxidable que reflejará (¡agárrate!) el cielo… al menos hasta que aquella se ensucie.

Estamos cada vez más estancados en lo que alguien con una quimérica idea de grandiosidad piensa

31

acerca de qué es lo que representa a nuestros valiosos pueblos y ciudades. Su ego les dice que su genio e inspiración es mucho más importante que aquello que los demás creemos que nos conecta con los lugares que consideramos nuestros hogares. ¿Es acaso de extrañar que nos sintamos cada vez más ajenos al sitio en que vivimos?

Dogmatismo

«Tradición» / «Dogma»

Tal vez pensemos que una profesión tan despreocupada, glamurosa y pedante como la arquitectura pueda estar llena de gente con amplitud de miras, abierta al debate y liberal. Pues no estaríamos en lo cierto. No te atrevas a entrar en una apasionada discusión acerca de pros y contras de la estructura y la estética a no ser que quieras terminar como el perro y el gato. En algún punto de los oscuros recovecos de su educación se instaló un rígido dogmatismo en el alma de cada arquitecto. Existe una profunda convicción enterrada en su pecho que no conoce razones ni alberga desafíos. Pon en duda esta creencia inefable y prepárate para una bocanada de rabioso galimatías o bien para un silencio desdeñoso.

Este comportamiento cabezota deja perplejos a los pobres clientes que han sido lo suficientemente infelices como para pensar que han contratado a una persona razonable que, sin embargo, discute las preferencias de quien tendrá que pagar las facturas.

Pero ¿qué es lo que mueve a estos fanáticos ideólogos? Por encima de todo, muchos de ellos creen con verdadera pasión que vinieron a este mundo con la misión de salvar a los pobres descarriados de la prisión de su propio gusto. Ser moderno no va solo de ser parte de la modernidad, es algo que te tienes que trabajar y, una vez que lo has conseguido, tienes que asegurarte de que todos los demás lo sepan, tanto si les gusta como si no. No se trata solo de gusto o de capricho, Dios no lo quiera; es una vocación y un deber. Da lo mismo si alguien está en desacuerdo con este razonamiento; lo que cuenta es la acción. Si se trata de los clientes, no les habrán ofrecido ninguna otra cosa por mucho que la hayan pedido. Y si se trata del público general, sencillamente tendrá que aguantarse.

Esto está tan arraigado dentro de la profesión que cuando vemos algo que tiene que ver con edificios nuevos publicados en revistas o con los que están en el candelero, siempre aparecen el mismo tipo de ejemplos e ilustraciones. En los libros en que aparecen casas no hay que esperar ver nada parecido a las casas que compra la mayoría de la gente, a no ser que sean como objeto de mofa. Todas las casas que salgan serán rarezas, muchas de ellas construidas por arquitectos para sí mismos, para sus familias o para sus colegas. Y si alguien de fuera de este círculo mágico lo acepta, los arquitectos se convertirán en héroes inmediatos que mantendrán como «evidencia irrefutable» el hecho de que todo el mundo empieza a aceptar y a creerse todo esto.

Los pocos arquitectos que no siguen el juego a pies juntillas son repudiados con especial aversión. Fallan a sus compañeros y se van de la lengua haciendo ver a la gente que los edificios no tienen que ser necesariamente las extrañas cosas que no les gustan. Hacer creer al populacho que puede tener lo que quiera es verdaderamente peligroso. Siempre que sea posible, a esta gente hay que mantenerla al margen y calladita.

Este pequeño grupo de inconformistas (llamémosles los tradicionalistas) han estado tan golpeados y maltratados que han llegado a crear su propio dogma. La idea central de su pensamiento es que todo lo que los otros hacen (llamémosles seguidores del Movimiento Moderno o los modernos), es malo. Por lo tanto, los tradicionalistas se definen a sí mismos como todo lo que los modernos no son. El problema de este planteamiento es que coloca a los modernos al frente de una cierta postura negativa. Si los modernos proponen una idea, lo más probable es que los tradicionalistas piensen que no es buena.

Es evidente que lo más inteligente por parte de los modernos sería incluir en sus propuestas elementos vagamente tradicionales e ir dando cada vez menos terreno a los tradicionalistas. Aunque, por suerte para estos últimos, los modernos están tan vinculados a su propio dogma que casi prefieren ser torturados antes que hacer algo que se pueda relacionar con el enemigo.

Como podemos ver, los arquitectos se agrupan en bandos hostiles. De los dos principales, uno es claramente más numeroso que el otro. En el bando de los del movimiento moderno hay a su vez facciones inconformistas, aunque todas ellas están de acuerdo en el aspecto más crucial: no ser confundido con un tradicionalista. Y los tradicionalistas tienen a su vez su máxima: nunca ser confundido con un moderno. Ello significa que una buena idea de uno de los dos lados nunca se abre paso en el lado contrario.

Hacer creer al populacho que puede tener lo que quiera es verdaderamente peligroso

De modo que, a medida que cada uno de los dos grupos se ocupa de buscar más y más maneras desesperadas de mantenerse alejado del otro, es la arquitectura la que sufre. Y no hay que olvidar que la arquitectura se ocupa más de las personas que la viven que de las oscuras ideas de aquellos que la diseñan.

Sospecho que la mayoría de la gente preferiría algo de alma tradicional y de aspecto moderno pero, al paso que vamos, los arquitectos no van a ser capaces de generarlo.

Ignorancia

"THEN WE WENT TO VENICE TO SEE THIS GREAT BUILDING BY FRANK LEE GHARISH"

«Y luego fuimos a Venecia a visitar este magnífico edificio de Frank Lee O'rror»

Si eres mínimamente entusiasta de la historia de tu ciudad y te topas con un arquitecto, tal vez quieras charlar con él sobre los edificios antiguos de tu barrio. Seguro que hay miles de aspectos arquitectónicos que te gustaría saber: el orden de las columnas del porche de las mansiones, de cuándo datan las casas, qué representa la decoración de la iglesia. O a lo mejor simplemente valoras tener la oportunidad de charlar con alguien tan entusiasta como tú. Pues prepárate para llevarte una decepción. Lo más probable sea que tu nuevo amigo arquitecto no sepa absolutamente nada sobre historia ni esté interesado en ella.

Si aun así quieres interesarte por sus perspectivas profesionales, deja a un lado la historia de la arquitectura y atente a temas como los modernos procedimientos de fijación de placas de titanio o de qué manera pueden resultar más molonas las placas solares. Para la mayoría de los arquitectos, la historia empieza en cierto modo alrededor de 1930 y todo lo anterior a eso es irrelevante. Y esto es peligroso porque si les llegaran a gustar los edificios antiguos, habrían perdido a todos sus amigos arquitectos. Asegurarse de que se desconoce todo lo que sus colegas hicieron en épocas pasadas no solo no constituye un hándicap para los arquitectos actuales, sino que es un deber y un símbolo de orgullo.

Ya que los arquitectos diseñan muchas veces en entornos históricos, no estaría de más que tuvieran cierto conocimiento acerca de los antiguos edificios que conforman esos entornos. Pero la forma de pensar de los arquitectos de antaño no es la que desean los de ahora, pues los actuales están mucho más interesados en encontrar alguna proporción misteriosa o algún oscuro principio que solo ellos entienden. Y cuando lo encuentran, defienden a capa y espada que allí puede encajar la forma más extraña o la combinación de materiales más rara. No importa que nadie sea capaz de detectar el gran secreto que dicen que han descubierto. A los arquitectos no les importa que nadie pueda entender lo que hacen. Están tan orgullosos de no saber lo que el público opina como de no saber nada de historia.

A los arquitectos no les importa que nadie pueda entender lo que hacen. Están tan orgullosos de no saber lo que el público opina como de no saber nada de historia

Para ellos no hay nada más molesto que la opinión pública. El problema es que la gente normal se preocupa por el estilo de los edificios y existe el grave peligro de que, si les preguntas, puedan pedirte que les proyectes algo que a ellos les guste. En el caso de que esto suceda, los arquitectos tienen preparada una práctica cláusula de escape de manera que, cada vez que salga el tema, se le dice al cliente que «lo que importa es la calidad, no el estilo». Se trata de una manera muy inteligente de salir del paso, aunque el verdadero significado de la frase no es lo que parece. Decir que la calidad es lo importante es como decir que la virtud es buena, o sea, una perogrullada; así que lo que la frase realmente indica es que «el estilo no importa», aunque por supuesto sí que importa. Y lo que realmente quieren decir es «no me importa qué estilo quieras, lo proyectaré en el mío propio, muchas gracias».

Está claro que lo mejor para evitar el problema es, en primer lugar, no preguntar. Es mucho más fácil ignorar que descubrir. Si sabes lo que tus clientes quieren, o te das por enterado o finges ignorarlo. Si no sabes lo que quieren, siempre puedes declarar que a la gente le gusta de veras o que ya se están acostumbrando a ello o, incluso, que les debería gustar y que así será si se lo damos como hecho consumado. Lo menos deseable para los arquitectos es tener que preocuparse por lo que realmente quiere la gente que tiene que vivir en los edificios que ellos diseñan, pues esto entorpece su genio artístico. Prefieren comportarse como el autor literario al que no le interesa ni siquiera si existe alguien que vaya a leer su libro. A fin de cuentas, la ignorancia es una bendición.

Aunque a la mayoría de los arquitectos les da lo mismo lo que los demás piensen acerca de sus edificios, a excepción de sus colegas, de lo que sí quieren estar seguros es de que estén a la vista de todo el mundo. Ello implica que haya el suficiente espacio alrededor del edificio y es lo que se llama *espacio público*, que suena bien en principio, aunque en realidad no sea así. Será un espacio público si el público puede usarlo, aunque puede terminar a menudo siendo un lugar desnudo, árido, con remolinos de pelusas, bolsas de patatas vacías y periódicos viejos. Para los arquitectos, las ciudades son tan solo escaparates en los que exponer sus trabajos. El hecho de que el lugar importa casi más que el propio edificio es otra de las cosas que tampoco quieren admitir. Lo último en lo que piensan es en crear mejores ciudades. Tal y como dijo la heroica urbanista Jane Jacobs, «las personas más astutamente ignorantes que conozco son los arquitectos».

Incompetencia

«Construcción» / «Arquitectura»

La función más importante de un edificio es aislar del agua y del clima. De hecho, si no es capaz de hacer esto, no se debería considerar un edificio. También necesita aguantar el trote diario y mantenerse en forma durante bastante tiempo. Sin embargo, sorprende saber que esto es en lo que los arquitectos tienen menor interés. Pídele a un arquitecto recién licenciado que te explique cómo se va a poner manos a la obra el constructor con su martillo y su sierra para levantar el fantástico proyecto con el que acaba de ganar su premio. Te encontrarás con una mirada ausente.

Si te pones en plan técnico y le planteas que resuelva la evacuación de agua desde los recovecos y caprichosas curvas del edificio, de qué manera piensa construir y transportar hasta la obra esa enorme pieza curva, o cómo colocar el impermeabilizante en una esquina, no esperes respuesta alguna. Es probable que se ocupen de todo esto luego en su estudio, pero, como han sido educados como a superestrellas, perder su valioso tiempo creativo en todos esos temas plomizos entorpece su fama futura. Es mejor no preocuparse; los asuntos prácticos son para los pringados.

La historia de la profesión arquitectónica del siglo XX constituye una lenta retirada desde el negocio inmobiliario. Lo primero por lo que preguntan la mayor parte de los clientes es por el presupuesto del edificio; al fin y al cabo, es suyo y lo van a pagar ellos. Y, por supuesto, lo primero que los arquitectos consideraron como excesivamente aburrido para ellos fue el tener que estimar lo que los edificios iban a costar.

Antes de la guerra, les cedieron esta atribución a los Quantity Surveyors*. Posteriormente, todos los pobres currantes que trabajaban en los estudios y que eran los que realmente aseguraban que los edificios podrían construirse, mantenerse y que serían impermeables, reclamaron un reconocimiento propio. Crearon una asociación y se denominaron Architectural Technicians (actualmente Technologists) y se aseguraron de recibir la debida cualificación. Los arquitectos no querían tener nada que ver con esta asociación inferior y su Colegio profesional les dijo que huyeran. Recientemente ha aparecido una nueva raza de expertos que se denominan a sí mismos Pro-

---

*N. de la T. Las figuras profesionales reflejadas en este párrafo y siguientes son propias del ámbito anglosajón, no existiendo una equivalencia plena con ninguna de la realidad hispana. A menudo se asemeja el aparejador español al Quantity Surveyor británico, aun cuando su caracterización y competencias no son exactamente las mismas. Se ha optado aquí por mantener las denominaciones del texto original, para evitar confusiones y paralelismos incorrectos por razón legal.

ject Managers. Algunos eran Quantity Surveyors, que actualmente se ocupan de la parte que más preocupa a los clientes: el dinero. Otros eran constructores que sabían que la mayoría de los arquitectos no tenían ni idea de lo que sucede en una obra. La actividad de Project Management suena eficaz y empresarial, pero sin embargo suele ocuparse de la labor que los arquitectos deberían hacer y no suelen hacer. Así que ahora, el trato directo con los clientes, coordinar el equipo o llevar la ejecución de la obra ha pasado a ser (demasiado frecuentemente), responsabilidad de gente agresiva que parece disfrutar siendo desagradable con los arquitectos de quienes han tomado el relevo.

Y ¿qué hicieron los arquitectos ante esta invasión de competencias? Nada. De hecho, mientras esto sucedía, dejaron escapar también la parte de paisajismo y la de diseño de interiores. Así que, ¿qué nos queda?

Aún están intentando encajar bien los usos en sus edificios. A veces es complicado, pero en la mayoría de los casos es bastante sencillo. Las oficinas son simplemente paredes que cierran un espacio abierto, ascensores y aseos; las fábricas son hangares sin ascensores; y realmente no existen muchas nuevas formas de proyectar una vivienda adosada. Pero por supuesto aún quedan muchas formas de proyectar mal. Pensemos por ejemplo en edificios públicos con recovecos ocultos que a nadie gusta frecuentar más que a los vándalos. Pensemos en los museos diseñados únicamente para exhibir el propio edificio y no su contenido. Pensemos en edificios tan poco prácticos que tienen que cerrarse recién inaugurados. Y pensemos ahora en los arquitectos más famosos. Que te importe más tu reputación que la función de aquello que estás diseñando, es la mejor fórmula para el desastre. Pero no para los arquitectos, al parecer.

Los arquitectos que quieren seguir siendo arquitectos y que quieren llegar a ser famosos se quedan con el diseño de edificios de formas extravagantes y con la idea de inventar complicadas razones que los hagan extraños e inconstruibles

Algunos arquitectos acaban hartos de todo el sucio asunto de diseñar los edificios que la gente quiere y por el precio que quieren pagar; esto es tan humillante... Se convierten entonces en cronistas sociales, artistas gráficos o entran en el mundo de la megalomanía: el *máster planning*. Los arquitectos que quieren

seguir siendo arquitectos y que quieren llegar a ser famosos se quedan con el diseño de edificios de formas
extravagantes y con la idea de inventar complicadas
razones que los hagan extraños e inconstruibles. Tal
vez se sientan insultados si se les aplica la palabra que
la Disney Corporation utiliza para describir el trabajo
de sus diseñadores: fabulación. Aunque lo cierto es
que, una vez que desaparecen los conocimientos téc-
nicos del arquitecto, lo único que queda es la imagina-
ción. Esta es maravillosa y la necesitamos, pero no en
todos lados ni a todas horas y además no es suficiente
como para poder hacer edificios sin goteras.

Derroche

«Diseño» / «Dinero del cliente»

Si vas a querer construir algo que sea tan grande o más que una casa, necesitarás a un arquitecto. Tal vez te parezca buena idea contratar a un arquitecto de renombre o al menos a un aspirante a arquitecto de renombre (que son prácticamente el resto de la profesión). Y, a menos que seas millonario o estés mal de la cabeza, si piensas en un nuevo edificio, vigilarás la pasta. Es posible que pretendas sacarle dinero a tu edificio. O a lo mejor quieres invertir tus ahorros en el proyecto de tus sueños. Y en caso de que seas del gobierno, vas a tener que gastar el dinero que se les ha arrebatado a los que tan esforzadamente lo han ganado. Si juntamos ambas cosas (tu valioso dinero y un arquitecto que piensa que debería ser famoso), tienes un serio problema. Verás qué pronto empiezas a temer que tus queridos fondos o tu frágil inversión puedan caer en desgracia vista la frívola actitud del arquitecto ante los costes de construcción.

A los arquitectos engreídos no les importa el bolsillo de sus clientes más que para asegurarse de que les paguen sus honorarios. Para ellos, los edificios no están destinados a sus clientes en absoluto; los edificios son para fanfarronear ante otros arquitectos. Y la función del cliente es únicamente comulgar con esos fantásticos ejercicios de autobombo y, al final, pagar la cuenta. Al fin y al cabo, es arte, ¿no? Y es el edificio el que queda ahí para la posteridad, no la deuda del cliente. Citando a un archiconocido arquitecto que hablaba acerca del sobrecoste de uno de sus edificios, «la gente debería fijarse en la arquitectura, pues eso es lo que permanecerá dentro de cien años».

Esta es la enfermedad del arte-a-cualquier-precio. Los síntomas son muy fáciles de detectar: se ignoran los presupuestos hasta el momento en que la obra maestra está a punto de construirse, una obsesión enfermiza por los detalles inútiles y carísimos, y rabietas infantiles ante la idea misma del análisis del valor. La enfermedad se contagia desde la idea infecciosa de que, si la arquitectura es arte, entonces esta debería ser traviesa, excéntrica y llena de detalles caprichosos. Los arquitectos no valoran un edificio sencillo, práctico y barato. Si no es estridente la gente no se fijará en él. Desde luego, no se cría fama con ahorro y modestia.

Los proyectos mediáticos firmados por arquitectos renombrados tienen mala fama por haber sobrepasado el presupuesto

Los proyectos mediáticos firmados por arquitectos renombrados tienen mala fama por haber sobrepasado el presupuesto. Después del padre de todos los proyectos, el Parlamento escocés, el británico no quiso quedarse atrás. Aun así, no consiguió ni acercarse al nivel del de Edimburgo: frente a un 1.000% de sobrecoste, se tuvieron que conformar solo con un 70%. Otro icono británico, el estadio Wembley, cerró con 35 millones de libras de exceso sobre presupuesto y, posteriormente, un símbolo de cultura e historia británica, el spa de las termas de Bath, fue tristemente famoso por haber excedido el presupuesto en 32 millones de libras. Se supone que los edificios culturales pueden dar más fama a sus arquitectos estrella, pero en ocasiones pueden ser el escaparate del derroche. La ciudad de Glasgow, siempre en competencia con Edimburgo, se ha pasado de presupuesto en un 50% hasta la fecha (está sin terminar) en su museo de transportes. El edificio The Public en West Bromwich (al que paradójicamente el público no tiene acceso) costó 12 millones de libras más que el proyecto original y la construcción de la estrambótica «Banana» de Colchester estuvo a punto de abandonarse debido al exceso de coste sobre lo estimado. La mayor ironía es que la Architecture Foundation, que se dedica a la promoción de divos de la arquitectura, empujara al arquitecto estrella a batir récords con un sobrecoste del 100% y que luego no pudiera encontrar a una constructora que les hiciera el trabajo. Por supuesto, es justo decir que el número de razones por las que se sobrepasan los presupuestos es mayor que el de arquitectos negligentes, pero también es cierto que, siendo demasiado común encontrar tantos casos, no puede ser coincidencia.

Todos estos son edificios diseñados por arquitectos tan sumamente famosos que sus proyectos aparecen en todas las revistas, ganan todos los premios y son los héroes de los estudiantes y los quiero-y-no-puedo del oficio. La profesión no reparte premios por cumplir con el presupuesto o por terminar un edificio a tiempo. Al revés, muchos de los premiados tienen ya el sambenito de haber sobrepasado salvajemente el presupuesto, así que cuando sus amiguetes les homenajean por esos escándalos de sobrecoste están haciendo la peineta a los presupuestos de sus clientes.

Que los ídolos de la profesión sean a menudo los mayores derrochadores no le hace ningún bien a la profesión. Conseguir sacar un edificio a un coste razonable es complicado y conlleva mucho trabajo, pero no hay relación directa entre un buen diseño y tener que gastar una fortuna. El hecho de que sobresalir en esta profesión vaya ligado en demasiadas ocasiones al fanfarroneo despilfarrador es un insulto, no ya solo hacia los bolsillos de los clientes, sino también hacia miles de arquitectos que trabajan duro y se dejan la piel para obtener buenos diseños con bajos presupuestos.

Y dos cosas más...

Postureo ecologista

«¿Y lo más sostenible no sería no construirlo?»

Casi todo el mundo sabe que tenemos que cambiar nuestra forma de vivir para poder salvar el planeta. ¿No es un poco extraño encontrar arquitectos que sigan haciendo lo mismo que han hecho siempre, pero disfrazados de ecomilitantes categóricos? ¿Cómo puede ser que los mismos cubos de cristal y torres que se crearon en las décadas energéticamente prósperas de los años sesenta y los setenta sirvan también para las décadas de desafío energético de los 2000? Los arquitectos han descubierto la magia del postureo ecologista.

La idea principal tras la arquitectura contemporánea era que el *nuevo siglo*, (refiriéndonos al siglo XX, por supuesto, que ahora consideramos el antiguo siglo), se basaba en la vanguardia en maquinaria e invenciones, pero no en mucho más que eso. Lo nuevo era lo bueno, lo antiguo, lo malo. Y los arquitectos se lo han creído tanto que piensan que, cuando surja un problema, seguro que aparece algo científico e innovador para solucionarlo. O mejor aún, todo lo que sea científico e innovador siempre resulta molón. Esta es la teoría («cuantos más cachivaches, mejor») de la sostenibilidad. Y ¡qué gran teoría! Continúas haciendo la misma historia de siempre, le echas mucha tecnología (a poder ser con extrañas formas y vivos colores) y luego te reivindicas en el terreno moral.

Lógicamente, tú no metes por tu cuenta toda esa tecnología, pues tienes a tu disposición toda una nueva industria del postureo ecologista para ayudarte.

Encabezando la lista están los ingenieros medioambientales. Si les pagas lo suficiente, te admiten casi todo lo que quieras, triple acristalamiento relleno de argón, el uso de acabados especiales, tontean con el agua y los residuos, utilizan formas verdaderamente complicadas que nadie cuestionará (a no ser que se hagan cálculos aún más complejos), y con todo eso dicen que el edificio es súper sostenible. Y hete aquí que los que no son ingenieros caen en la trampa. Como además los ingenieros obtienen los mejores encargos de los arquitectos de renombre, quienes tienen que dar una imagen ecológica de sus carísimos edificios, lo más probable es que no le cuenten a nadie lo que solo ellos saben: que todo funcionaría mejor si se le pusieran al edificio unos muros gruesos y se les hicieran unos simples agujeros para las ventanas.

Todo funcionaría mejor si se le pusieran al edificio unos muros gruesos y se les hicieran unos simples agujeros para las ventanas

Existen también destacadas excepciones como son

Patrick Bellew del *consulting* de ingeniería Atelier Ten y David Strong de Inbuilt (anteriormente director general de BRE Environmental*). Pero frente a ellos hay, no solo legiones de ingenieros guardando silencio, sino también toda una especie de charlatanes ecologistas haciendo relaciones públicas, capaces de redactarte un manual de sostenibilidad que nadie cumple o de dibujar diagramas pseudocientíficos sin sentido que quedan genial en tu página web. Si tiras la casa por la ventana, hasta son capaces de decirte que el cristal es sostenible porque es reutilizable. ¡Increíble! Si quieres que la gente piense que eres sostenible, llama a estos ecoblanqueadores.

Pero detrás de todos los informes, de todos los cachivaches que se estropean, de los respiraderos chillones que no dejan dormir a los inquilinos y los estúpidos molinos de viento que no funcionan, está el secreto a voces: cuando se construye algo, se utiliza muchísima cantidad de energía cuya mayor parte proviene de combustibles fósiles. La conclusión lógica

*N. de la T. El grupo BRE (Building Research Establishment), creado en sus inicios por el gobierno del Reino Unido y actualmente en manos privadas, se dedica a la investigación, asesoramiento, certificación y establecimiento de estándares para el sector público y privado de la construcción tanto en el Reino Unido como en otros países.

es ineludible: mantén lo que ya existe y, si puedes, mejóralo y, en caso de que tengas que construir algo nuevo (que es muy a menudo), asegúrate de que dure mucho tiempo.

Lo que hace que un edificio sea longevo es algo bastante sencillo: tiene que ser sólido y versátil. Los edificios que son sólidos se hacen con materiales resistentes, que necesiten poco mantenimiento y, a poder ser, materiales que provengan del entorno. Los edificios versátiles se iluminan con luz natural, son fáciles de compartimentar, accesibles y no dependen de maquinaria adicional como ascensores o aire acondicionado. En otras palabras, serán sólidos, de poca altura y poca profundidad. Estamos rodeados de edificios con estas características que han perdurado durante siglos. Hoy en día podríamos hacer lo mismo y hacerlo incluso más favorable: con mejor aislamiento y mejor mantenimiento. Si se construye un edificio de este tipo cada doscientos años estaremos siendo mucho más sostenibles desde cualquier punto de vista razonable que si se construye un rascacielos monolítico climatizado, estanco y de planta profunda en el mismo lugar cada treinta o cuarenta años.

El problema es que la cuestión de la duración de

un edificio no forma parte del sistema de medición de emisiones de carbono. De hecho, hay gran cantidad de factores que no se incluyen. Todo el circo de la huella de carbono cero se centra en lo que emiten los edificios nuevos y no en su vida útil o en la de las personas que viven en ellos.

No existe ningún sistema aceptado que mida la energía que encierra un producto de construcción, es decir, energía incorporada. Y a falta de un sistema de medición aceptado, los ecoblanqueadores se frotan las manos. Si el BRE saca a la palestra la loca idea de que las carpinterías de plástico proveniente del petróleo generan una calificación de sostenibilidad máxima, imagina lo que los arquitectos-estrella y sus ecoblanqueadores podrían hacer con una torre de pisos.

Pastiche

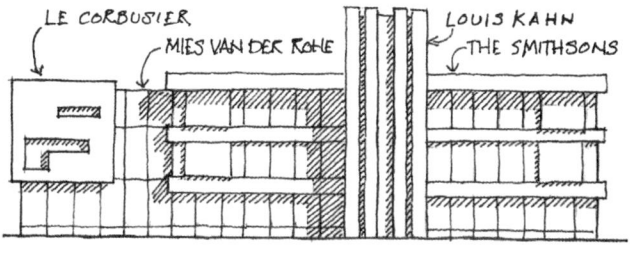

LE CORBUSIER

MIES VAN DER ROHE

LOUIS KAHN
THE SMITHSONS

A PASTICHE

«Un pastiche»

Cuando los arquitectos intentan menospreciar la arquitectura tradicional, la llaman *pastiche*. Dejan caer esa palabra y creen que es suficiente como para condenar aquella. Es así de fácil. Y ahora, ese irracional fragmento de jerga arquitectónica se ha diseminado desde las tertulias intelectualoides hasta llegar a las ordenanzas urbanas. La cosa se pone seria cuando vemos que la Oficina Metropolitana de Bradford estipula en una de sus políticas que «para los nuevos desarrollos urbanísticos no se podrá recurrir al pastiche», o cuando Hertfordshire declara que «las propuestas que incluyan pastiches... serán desestimadas»; o cuando alguien con experiencia en el English Heritage proclama que «entre el buen diseño contemporáneo y el pastiche, no hay duda». Tal vez deberíamos pararnos a pensar su significado cuando vemos que un pastiche es algo que se intenta frenar desde las instituciones.

Según el diccionario, pastiche es «una composición hecha con trozos de otras obras o a imitación de estilos ajenos». ¿Por qué razón esto suena mal? En algún momento del siglo XX se asumió la extraña idea de que, para que el arte resultara moderno, este tenía que ser absolutamente diferente de cualquier cosa que se hubiera hecho antes, lo que por supuesto resulta ridículo. Todo arte se basa en ideas, influencias y retazos de otros artistas. En el caso de la arquitectura esto es de aplicación tanto a las corrientes vanguardistas dominantes como a la arquitectura tradicional. Basta mirar cuántos diseños actuales ofrecen muros de vidrio como los de Mies van der Rohe o cuántos arquitectos utilizan muros cúbicos flotantes o escaleras exteriores curvas al estilo de Le Corbusier.

Evitar la «imitación de otros estilos» bien podría anular cualquier movimiento arquitectónico

Evitar la «imitación de otros estilos» bien podría anular cualquier movimiento arquitectónico. Para evitar que algo «esté hecho de trozos de otros trabajos» los arquitectos tendrían que ignorar cualquier detalle de diseño de cualquier antecesor. Esto significaría que no se le podría hacer ningún guiño estético a tu ídolo y que no podrías tampoco hacer algo bueno si ya hubo alguien en el pasado que lo hizo antes. Todo esto no solo es inviable, sino que es una estupidez.

Pero el bulo del pastiche se reserva para los nuevos diseños tradicionales. A lo mejor te libras de ser condenado por pastiche si haces una copia exacta; por alguna razón que escapa a nuestro entendimiento a menudo una réplica exacta de un edificio histórico se considera aceptable. Sin embargo, si intentas ser creativo dentro de lo tradicional, tu trabajo será enviado a una papelera especial etiquetada como pastiche. Y hoy en día, cualquier funcionario con ideología preconcebida se puede apoyar en las políticas de planeamiento para cerciorarse de que ese proyecto se quede en la papelera y no vuelva a ver la luz nunca más.

Lo cierto es que, a excepción de determinadas épocas como el neoclasicismo, artistas y arquitectos no realizaban réplicas sino que obtenían inspiración de diferentes momentos históricos, los mezclaban con las ideas que imperaban entonces y generaban algo nuevo. No hay más que fijarse en uno de los edificios clásicos más admirados del siglo XIX, el Museo Ashmolean de Oxford.

Diseñado por C. R. Cockerell in 1839, el pórtico recrea un templo griego del siglo V a.C. y las prominentes columnas de la galería y erguidas figuras son romanas del siglo I d.C. El conjunto se sitúa sobre una base almohadillada y se corona con una enorme cornisa, ambos elementos tomados de palacios renacentistas italianos. Si existe un pastiche, este desde luego lo es. ¿Acaso esto hace que se revoquen todas las críticas pasadas y presentes? Ni entonces ni ahora.

Y ¿qué pasa con el edificio Willis Faber construido en 1975 por Foster? ¿No es acaso el proyecto de rascacielos de cristal de Mies van der Rohe de 1922 con la parte superior tronchada? O la casa de Rick Mather en Hampstead, ¿no es un robo apenas disimulado de la de 1920 de Le Corbusier pero hecha en 1997? Está también la prometedora torre del estudio KPF en Bishopsgate: esta extraña espiral de cristal, ¿no es acaso una versión monstruosa del monumento a la Tercera Internacional de Vladimir Tatlin de 1919?

Entonces, ¿cuándo un pastiche no es realmente un pastiche? Si nos atenemos estrictamente a la definición, el concepto de pastiche no tiene nada que ver con el estilo y, si nos fijamos bien, se refiere tanto a casos vanguardistas como a arquitectura tradicional. Pero, cuando se quiere vetar algo que no gusta, ¿qué tiene que ver la realidad con todo esto? La palabra pastiche se ha convertido en una estúpida clave que significa «la arquitectura tradicional es mala» y «para ser moderno hay que continuar inventando la rueda».

Lo primero es intolerante y lo segundo es un sinsentido, pero los tradicionalistas se han acostumbrado a no esperar nada más. Cuando el gobierno anunció que «concedería la misma importancia al buen diseño que a la sostenibilidad», ¿cómo se suponía que iban a interpretar los burócratas algo tan difuso? Las herramientas se las han dado los intolerantes. Tal y como ha declarado el Ayuntamiento de Brighton y Hove, «el plan intenta elevar el estándar general y fomentar diseños más singulares e innovadores... no se promoverán pastiches». El código es «lo moderno es bueno, lo tradicional es malo».

Fuentes de textos

Elitismo. Publicado el 17 de abril de 2009

Soberbia. Publicado el 22 de mayo de 2009

Egocentrismo. Publicado el 7 de agosto de 2009

Dogmatismo. Publicado el 11 de septiembre de 2009

Ignorancia. Publicado el 6 de noviembre de 2009

Incompetencia. Publicado el 26 de febrero de 2010

Derroche. Publicado el 14 de mayo de 2010

Postureo ecologista.
Publicado el 26 de septiembre de 2008

Pastiche. Publicado el 12 de diciembre de 2008

Este libro se terminó de imprimir
en Madrid, en septiembre de 2024